AF260105

GÉNÉALOGIE

PERDRIGEON

PERDRIGEON

EN FOREZ, EN MAINE, EN NORMANDIE, À PARIS.

LYON

IMPRIMERIE D'AIMÉ VINGTRINIER

RUE BELLE-CORDIÈRE, 14

—

1870

PERDRIGEON

EN FOREZ, AU MAINE, EN NORMANDIE, A PARIS.

Armes : *D'argent au chevron de gueules accompagné d'une perdrix de sable, membrée et becquée de gueules sur une terrasse de sinople; au chef d'azur chargé de 3 étoiles d'argent.*

PREMIER DEGRÉ.

Honorable Vital Perdrigeon, marchand-bourgeois de Bourg-Argental, avait laissé d'un second mariage avec D^{lle} Angélique Chometton (1) deux fils qui partagèrent sa succession par moitié et égale portion, ainsi qu'il

(1) Famille fixée à Malleval, aux environs de Bourg-Argental, et à laquelle appartenait Françoise Chometton, femme de Jean-François Sionnet, ancien capitaine au régiment du roy, le 30 mars 1724.

résulte d'un acte de partage fait devant Me Mayol, notaire royal, le 21 février 1631 :

1. André, qui suit ;

2. Honorable Antoine Perdrigeon, bourgeois de Bourg-Argental, baptisé le 7 août 1595 et marié le 16 août 1629. à D^{lle} Catherine Dorel, fille de honorable Pierre Dorel, bourgeois de Bourg-Argental, et de dame Jeanne du Treyve (contrat reçu Me Mayol, notaire royal).

Antoine Perdigeon mourut le 21 février 1665 ; sa femme testa le 13 février 1652 et fit connaître par son testament les enfants ci-après :

a. Pierre Perdrigeon, prêtre, qui mourut le 17 novembre 1673.

b. André Perdrigeon, M^e chirurgien et recteur de l'Hôtel-Dieu de la ville du Bourg-Argental, qui mourut le 11 février 1702, à l'âge de 70 ans, laissant de son mariage avec demoiselle Marie Bollioud, fille de Jean Bollioud et de Marguerite Camier : 1° Charles Perdrigeon, mentionné dans le testament de sa mère du 16 juillet 1713 ; 2° Marguerite Perdrigeon, qui testa le 18 janvier 1718 (testament reçu Me Chomier, notaire), instituant pour héritier universel Me André Perdrigeon, conseiller et procureur du roi au bailliage de Bourg-Argental, son cousin.

c. Guillaume Perdrigeon, bourgeois de Paris, y demeurant rue de la Martellerie, à l'enseigne des *Deux Balances*, lequel étant sur le point de mourir fit donation à Antoine Perdrigeon, son père, bourgeois de Bourg-Argental, de tous les biens qui pourront lui appartenir, par acte reçu : Laroze et D'Orléans, notaires royaux à Paris, le 5 octobre 1656

d. Joseph Perdrigeon, connu seulement par le testament de sa mère.

e. Catherine Perdrigeon,) mentionnées dans le testament
f. Marie Perdrigeon,   ) de leur mère.

DEUXIÈME DEGRÉ.

Honorable André Perdrigeon, bourgeois de Bourg-Argental, qui assista au contrat de mariage de son frère du 16 août 1629, est mentionné dans un grand nombre de pièces et notamment le 17 septembre 1636, le 17 mai 1641 et le 24 mars 1660.

Il avait épousé D^lle Suzanne de Ruolz, fille de honorable André de Ruolz, bourgeois de Bourg-Argental, et de dame Ysabeau Combes.

André Perdrigeon mourut le 25 février 1661 ; sa veuve mourut le 6 février 1667, et fut inhumée dans le tombeau de la famille, près de la chapelle du Saint-Rosaire, en l'église de Bourg-Argental. Ils laissèrent entre autres enfants :

1. Guillaume, qui suit;

2. Ysabeau Perdrigeon, qui prit l'habit au couvent de Sainte-Ursule du Bourg-Argental, le 28 octobre 1648, fut reçue professe le 3 novembre 1650 et mourut le 4 mai 1651. — Le souvenir de sa vie pieuse et exemplaire est consigné dans les chroniques de son ordre (1).

3. Angélique Perdrigeon entra également au couvent de Sainte-Ursule du Bourg-Argental, le 2 avril 1644, à l'âge de 14 ans; elle était religieuse professe depuis le 3 avril 1646, et mourut le 23 septembre 1660.

4. Catherine Perdrigeon, mariée à Mᵉ Noël Clapasson de la Croix, morte le 28 avril 1661.

TROISIEME DEGRÉ.

Noble Guillaume Perdrigeon, avocat en parlement, officier de la maison de S. A. S. le prince de Condé en qualité d'un des solliciteurs ordinaires de ses affaires, demeurant actuellement au Bourg-Argental, avait fait reconnaissance au terrier du domaine du roi le 1ᵉʳ juillet 1688.

Il épousa, le 30 novembre 1668 (contrat reçu Mᵉ Foriz, notaire royal à Annonay), Dˡˡᵉ Marie-Françoise des Fran-

(1) Journal de noble Guillaume Perdrigeon, avocat en parlement, un gros cahier couvert en parchemin, d'une belle écriture du xviiᵉ siècle et signé Perdrigeon. — Aux Archives de la famille (à Noirétable).

çois (1), fille de Me Anthoine des François, conseiller du roi, juge-visiteur général des gabelles du Vivarais, et de dame Lucrèce Bobon.

Guillaume Perdrigeon mourut le 16 septembre 1694, et sa veuve, qui lui survécut jusqu'au 21 janvier 1709, laissa, outre plusieurs enfants morts en bas âge :

1. François, qui continue la filiation ;

2. André Perdrigeon, sieur de Mizérieux, baptisé le 18 novembre 1680, qui fut pourvu de l'office de receveur au grenier à sel de Saint-Just-lès-Velay, le 30 janvier 1704.

3. Jean Perdrigeon, sieur de la Perrière, baptisé le 25 mai 1683, maître des grosses forges de Varannes (1714), de La Sauvagère, de Bagnol, dans la Basse-Normandie, qui était mort en 1744.

4. Augustin Perdrigeon, sieur de la Biosse, né le 23 décembre 1684, fut d'abord élève au séminaire de Vienne (Dauphiné), puis fut attiré par M. de la Perrière, son frère, en Normandie, où on le trouve employé dans les forges de Tessé (1723).

5. Catherine Perdrigeon, née le 16 septembre 1670, entra au couvent de Sainte-Ursule du Bourg-Argental, le 19 août 1687, et fit profession sous le nom de *Sœur de Saint-François*, le 28 août 1689. Elle mourut le 9 juin 1694 (2).

(1) Des François : *De..... au sautoir de..... au chef de..... chargé de 3 étoiles de.....* (Cachet du xviie siècle.)

A cette famille appartenait Jean-Marie des François de Lolme, baron de Thorrenc et Andance, etc..., juge-mage et lieutenant-général de bailli en la sénéchaussée d'Annonay qui assista à l'assemblée de la noblesse du 20 mars 1789.

(2) Journal de noble Guillaume Perdrigeon, avocat en parlement.

QUATRIÈME DEGRÉ.

Noble François Perdrigeon, avocat au Parlement de Paris (12 novembre 1703), avait prêté le serment accoutumé devant la Cour, le 11 août 1704. (*Lettres de matricule signé : Du Tillet, et enrègistrèes au greffe du bailliage de Bourg-Argental, en conséq^ce de l'ordon^ce judic. rendue le 20 décembre 1707*).

Il acheta l'office de conseiller du roi, receveur au grenier à sel du Bourg-Argental, de Me Jean Berland, con^er du roi, receveur général des domaines et bois de la généralité d'Alençon, au prix de 12,000 livres, par contrat reçu Me Janson, notaire à Paris, le 20 décembre 1703.

François Perdrigeon était né le 21 mai 1679 et sa mort arriva le 7 mai 1744.

De son mariage avec D^lle Marguerite Bollioud (1), fille

(1) Famille du Bourg-Argental qui a formé un grand nombre de branches établies à Lyon ou à Paris. Celle à laquelle appartient Marguerite Bollioud est celle des seigneurs de Berbeysse et de Jarnieu.

Armes : *d'azur à un chevron d'or ; au chef cousu de gueules chargé de 3 bezans d'or.* (La Tour-Varan, *Armorial et généalogies stéphanoises.* — Pernetti, *les Lyonnois dignes de mémoire.* — Steyert, *Armorial du Lyonnais.* — Cachets du xviiie siècle.)

de François Bollioud, con^er du roy, receveur au grenier à sel du Bourg-Argental, et de dame Julienne Mathon (1), qu'il avait épousée par contrat du 27 janvier 1706, il laissa un grand nombre d'enfants qui formèrent presque tous des branches :

1. André Perdrigeon, avocat en Parlement, con^er du roi et son procureur honoraire au bailliage du Bourg-Argental, était né le 14 juillet 1708.

   Il mourut le 13 septembre 1774, laissant une fille res-tée sans alliance, du mariage qu'il avait contracté avec demoiselle Louise d'Areste.

2. Nicolas Perdrigeon-Chorond, né au Bourg-Argental le 5 août 1710, se fixa à Fresnay-le-Vicomte, au Mans, et de son mariage avec N..., laissa :

   a. Nicolas-Jean Perdrigeon-Chorond, marié à Mlle Thé-rèse Gaudemer (Fresnay-le-Vicomte) avait laissé deux enfants : 1° Magloire-Jean-Marie Perdrigeon, qui était encore mineur le 21 brumaire an XI ; 2° Désiré-Magdeleine Perdrigeon.

   b. François-Nicolas-Réné Perdrigeon-Chorond, décédé maître de forges à Rânes (près le Mans), avant l'arrangement de famille du 21 brumaire an XI. Il a laissé un fils : Nicolas-Marie Perdrigeon, employé au bureau des hypothèques du Mans, puis employé de l'administration des domaines à Angers.

(1) Mathon de La Cour, de la Garinière, de Forgères, Srs de Sauvain, acquis en 1772 des Luzy ; orig. du Bourg-Argental, divisés en deux branches, les Mathon de la C. et ceux de Forgères. — Un C^ller au parl^t de Dombes. EGF 1789. » Steyert, *Arm. gén. du Lyonnais, Forez, Beaujolais* ; Lyon, 1860, p. 59.

Armes : *d'argent à 5 chevrons d'azur.*

c. Anne-Françoise-Jeanne Perdrigeon, femme de M. Jean-Marie Bellœuvre-de-Charbon.

d. Marie-Françoise Perdrigeon, mariée à M. Vincent Loisellier.

3. Jean-Pierre Perdrigeon, né le 1er août 1711, mourut jeune.

4. Charles-Joseph Perdrigeon-Goëlly, né au Bourg-Argental, le 8 juillet 1712, s'établit, comme son frère Chorond, aux environs du Mans, où il épousa D^{lle} Dufay, qui lui donna :

a. André-Nicolas Perdrigeon du Tertre, notaire public et propriétaire à Saint-Vincent du Lorouer (Sarthe), vivant le 21 brumaire an XI.

b. Jacques-Joseph-Georges Perdrigeon-Goëlly.

c. Marin-Henry Perdrigeon, propriétaire à Maurigné.

d. Charles Perdrigeon, marié à Françoise Boulanger, dont: 1° Charles-Adrien Perdrigeon; 2° Jacques-Joseph-Georges Perdrigeon.

e. Elisabeth-Magdeleine Perdrigeon.

f. Françoise Perdrigeon, femme de Louis-Pierre Hardeau.

g. Anne-Jeanne-Marie-Françoise qui avait épousé M. Edme Piat, demeurant à Cricé (Sarthe).

h. Adrienne-Blanche-Polyxène Perdrigeon, épouse de M. Charles Domer.

5. Pierre Perdrigeon de Costaviol, prêtre, curé d'Aranc en Bugey, était né le 3 juillet 1717.

6. François, qui continue la filiation dans le Forez.

7. Guillaume Perdrigeon, prêtre, vicaire du Bourg-Argental, né le 25 octobre 1713, avait testé le 6 janvier 1748.

8 Jean-Marie Perdrigeon, sieur du Vernier, né le 31 mai

1721, maître de forges à Moncorps, puis fermier général des domaines du prieuré des Hayes, près Tressau (Sarthe), avait épousé D^lle Rénée-Françoise Dufay. Il mourut le 31 mai 1784, laissant :

A. Jean-Marie-René Perdrigeon-du-Vernier, dont la postérité subsiste actuellement à Paris (1).

B. Jean-Baptiste Perdrigeon (de Lucé).

C. François-Charles-René Perdrigeon, prêtre, curé de Courcelle.

D. Magdeleine-Marguerite Perdrigeon.

E. Marie-Guillaume-Françoise Perdrigeon.

F. Charlotte-Françoise Perdrigeon.

G. Renée-Françoise Perdrigeon, femme de M. Louis Briant (à Saint-Calais).

H. Joséphine-Renée Perdrigeon, mariée à M. Leger-François Graffin, notaire (Sarthe).

I. Marie-Victoire-Rosalie Perdrigeon, morte sans alliance, à Laval (Mayenne).

9. Claude-Hyacinthe Perdrigeon, prêtre, curé de la Salle-en-Mâconnais, était né le 18 septembre 1722.

---

(1) Jean-Marie-René Perdrigeon eut 6 enfants : 4 filles, dont les deux aînées épousèrent les deux frères, MM. des Parquets ; la 3me épousa M. Provost, et la 4me resta fille ; 2 fils : l'un, Arsène Perdrigeon, est mort assassiné à Saint-Domingue sans avoir été marié, et l'autre, Jean-Marie Perdrigeon du Vernier, marié à Mlle Françoise Beauvais, fille d'un ancien garde-du-corps de Louis XV et Louis XVI, a continué la filiation de la branche du Vernier.

Il a laissé : 1° une fille mariée à M. Le More ; 2° une autre fille sans alliance ; 3° Paul Perdrigeon du Vernier, marié, a eu trois enfants, 2 garçons et une fille ; 4° Louis Perdrigeon du Vernier (sans alliance) ; 5° Jean-Marie Perdrigeon du Vernier, docteur en médecine, actuellement agent de change à Paris, qui a deux filles. (Communiqué par M. le docteur J. Perdrigeon du Vernier, agent de change.)

10. Gabriel Perdrigeon, né le 24 août 1725, mort le 21 février 1742.

11. Jean-François Perdrigeon, mort jeune.

12. Georges-Augustin Perdrigeon, né le 16 juillet 1718, mort le 13 octobre 1725.

13. Julienne Perdrigeon, née le 12 juin 1714, morte en 1716.

14. Simonne-Marie Perdrigeon, morte jeune.

15. Françoise Perdrigeon, restée fille, mourut au Bourg-Argental, le 23 juin 1773, âgée de 66 ans.

CINQUIÈME DEGRÉ.

Noble François Perdrigeon, sieur des Blaches, conseiller du roi et son receveur des fermes au bureau de Noirétable en Forez, était né au Bourg-Argental le 22 mars 1716.

Il épousa D^{lle} Marie-Anne de La Vallette (1), fille de

(1) Très-ancienne famille bourgeoise de la ville de Cervières, qui a donné plusieurs générations de chirurgiens.

Antoine de La Vallette, M^e chirurgien de Cervières au commencement du XVIIe siècle, avait épousé Marie Collonges ; il laissa pour fils : Gilbert de La Vallette, maître en chirurgie de la ville de Cervières ; de son mariage avec Anne Gourbine il avait eu : François de La Vallette, maître en chirurgie de Cervières, marié le 10 juin 1717 à Magdeleine Béringer.

De cette union étaient venues 3 filles : Mmes Perdrigeon, Petel et Verdier.

Une branche de la famille de La Vallette s'était fixée à Montbrison en 1670.

François de La Vallette, maître chirurgien de la ville de Cervières, et de dame Magdeleine Béringer, par contrat reçu Me Chappelle, notaire royal, le 26 octobre 1745.

Il avait eu :

1. Jean-Baptiste, qui suit ;
2. François-Pierre Perdrigeon, né à Noirétable, le 18 octobre 1744 (mort jeune).
3. Julienne-Marguerite-Claudine-Marie-Toussainte Perdrigeon, née le 18 septembre 1753 (restée fille).
4. Marguerite Perdrigeon, née le 20 mars 1757, mariée à M. Joseph Justamond, géomètre et commissaire feudiste de la ville de Cervières.
5. Magdeleine Perdrigeon, née le 16 décembre 1760, morte en 1763.

SIXIÈME DEGRÉ.

Noble Jean-Baptiste Perdrigeon, avocat en parlement, notaire royal et procureur fiscal en la châtellenie de Cervières, était né à Noirétable le 14 décembre 1755.

Il épousa D[lle] Marie-Madeleine Delaire, fille de Antoine Delaire, bourgeois de Cervières, et de Anne Contamine, par contrat du 27 septembre 1785, reçu Mes Grangeneuve et Verdier, notaires royaux.

M. Perdrigeon a été maire de la commune de Noirétable et président du Conseil général pour le canton de ce nom, par décret du 14 nivôse an XI, signé : Bonaparte (1).

Il a laissé :

1. François, qui suit ;
2. François-Guillaume Perdrigeon, officier de dragons, se signala, par sa bravoure, dans les campagnes d'Allemagne et de Russie ; rentré dans la vie privée à la chute de l'Empire, il fut nommé juge-de-paix du canton de Noirétable, en 1830.

Il était né le 6 avril 1790, et mourut sans alliance.

Le 15 juin 1839, il avait acquis le château de La Mer-

(1) M. J.-B. Perdrigeon, notaire à Noirétable, acheta des héritiers Fabry la terre et château du Croc (commune de Thiers), par contrat du 20 pluviôse an XII, reçu Mes Gourbine et Betant, notaires publics à Thiers.

Le Croc avait appartenu longtemps à une maison noble de ce nom originaire d'Auvergne, mais qui possédait d'immenses domaines dans le Forez et notamment le château de Saint-Polgues. Le 13 décembre 1680, M. du Croc de Saint-Polgues en passa la vente à la famille de La Mure-Chantois, du Roannais, et, plus tard, elle advint aux de Foudras-Courcenay, tant par suite d'alliance que d'acquisition. Enfin, le 2 février 1770, Jean-Louis de Foudras, chevalier, marquis de Courcenay, vendit la terre et seigneurie du Croc, située dans l'étendue de la paroisse de Saint-Genest-de-Thiers et consistant en cens, directe, dixmes, châteaux, etc., à Antoine-Claude Fabry, inspecteur général des domaines de Sa Majesté dans la généralité d'Auvergne. (Contrat reçu de Chastelus, N^re à Roanne.)

lée, de la maison de Murinais (acte reçu par Me Coste, notaire aux Salles) (1).

3. Magdeleine Perdrigeon, née le 27 août 1786 (morte jeune).

4. Julienne-Claudine-Marie-Benoîte Perdrigeon, née le 21 frimaire an IV.

SEPTIÈME DEGRÉ.

François Perdrigeon, notaire et maire de la commune de Noirétable, membre du Conseil d'arrondissement de Montbrison, était né à Noirétable le 17 novembre 1787.

Il épousa, à Villemontais, Mlle Louise-Magdeleine Rimoz de la Rochette (2), fille de M. Jérôme-Marie

(1) La Merlée est un ancien château, aujourd'hui en ruines et situé dans la paroisse de Saint-Julien-la-Vestre, près de Noirétable.

Sa construction paraît remonter au XIV° siècle. Ses premiers possesseurs appartenaient à la famille Mastin qui en prit le nom. A la fin du XVI° siècle, la Merlée avait pour seigneur Marc de Boisy, escuyer, descendant d'un bâtard du baron de Boisy, de la maison des ducs de Roannais. Au XVII° et au XVIII° siècle, la Merlée appartint aux du Palais-la-Merlée, qui possédèrent en même temps les fiefs de Villechaise, de La Bruyère, etc., au voisinage de Noirétable. L'héritière des du Palais-la-Merlée porta cette terre aux de Loras, qui, à leur tour, la transmirent aux marquis de Murinais-Auberjon.

(2) Les registres paroissiaux de Villemontais ne permettent pas de remonter la filiation de cette honorable famille au delà de M° Anthoine Rimoz.

Rimoz de La Rochette, ancien membre de l'Assemblée législative et président du tribunal civil de Roanne, et de Mme Marie-Claudine Giraud de Presles. (Acte de célébration du 18 août 1813.)

bourgeois de Villemontais, qui fut inhumé dans l'église de ce lieu, le 18 avril 1670 ; de son mariage avec D^lle Elisabeth Chastelus, il avait laissé, entre autres enfants : noble Pierre Rimoz, sieur de la Rochette, vétéran des gardes du roy en la prevosté de l'hostel, marié, le 19 février 1662, à D^lle Marie de Chastre, d'une famille de Saint-Just-en-Chevalet, alliée aux de Ramey de Sugny, aux Michel de Chavannes, etc....

Noble François Rimoz, écuyer, sieur de la Rochette, son fils aîné, était lieutenant au régiment de Limousin-infanterie et laissa de son mariage avec D^lle Magdeleine Pondoude :

Noble Pierre Rimoz de la Rochette, écuyer, avocat en parlement, conseiller du roy, assesseur en la maréchaussée générale et subdélégué de Mgr l'intendant de Lyon, marié en 1748 à D^lle Germaine-Jéronime Goyet de Lyvron, dont sont sortis une fille, alliée à l'honorable famille Cartier, et le fils qui suit :

Jérôme-Marie Rimoz de la Rochette était avocat en parlement et au bailliage de Roanne, lorsque survint la Révolution. Ses concitoyens l'envoyèrent à l'Assemblée législative qui précéda la Convention nationale. Dans cette assemblée qui n'eut qu'une durée éphémère, M. de la Rochette se fit remarquer par ses opinions modérées. Il n'en fallait pas tant pour le faire exclure des affaires publiques dont il resta éloigné pendant tout le temps de l'anarchie révolutionnaire. Il occupa plus tard les fonctions de président du tribunal de Roanne.

M. Jérôme-Marie Rimoz de la Rochette laissa 3 fils : l'aîné, M. Amédée de la Rochette, ancien juge de paix à Saint-Germain-Laval, érudit distingué, a donné une traduction d'un ouvrage anglais : *Instructions de l'évêque de.....à un jeune néophyte ;* le second, Antonin de la Rochette, est mort colonel de dragons, laissant deux fils encore vivants ; le troisième, Maxime de la Rochette, curé de Thizy, a écrit quelques notes en forme de voyage sur l'histoire du haut Beaujolais ; leurs sœurs étaient Mmes Charmetton et Perdrigeon.

Armes : *D'azur au chevron d'or, accompagné en chef de 2 canettes au naturel et en pointe d'un croissant d'argent. (État présent de la noblesse.)*

De ce mariage sont venus :

1. Marie-Jean-Baptiste Perdrigeon, banquier et membre du conseil municipal de la ville de Thiers, marié : 1º à Mlle Piquet de La Tour ; 2º à Mlle Gabrielle Berger, fille de M. le docteur Berger, ancien chirurgien militaire, conseiller de préfecture et chevalier de la Légion d'honneur.
2. Jérôme-Marie-Magdeleine-Auguste, qui suit ;
3. François-Guillaume Perdrigeon, ancien receveur-percepteur des finances du canton de Noirétable, propriétaire des châteaux de la Merlée et du Croc.

HUITIÈME DEGRÉ.

Jérôme-Marie-Magdeleine-Auguste Perdrigeon, notaire à Noirétable, était né au château de Larochette (Villemontais) le 24 mars 1819.

Il épousa, à Cervières (Loire), le 21 avril 1844, Mlle Magdeleine-Célina Béringer, fille de M. Antoine-Durand Béringer (1) et de Mme Antoinette-Julie d'Anthoine (2) ; de ce mariage sont issus :

(1) M. Antoine-Durand Béringer est fils de noble Just-Sébastien Béringer, avocat en parlement, et de D^{lle} Magdeleine Delaire, et petit-fils de Me Durand Béringer, notaire royal à Cervières, et de dame Marie Farjon. (Voy. ce que nous avons dit de cette famille, p. 65.)

(2) Famille originaire de la principauté de Dombes, qui vint se fixer à

1. Marie-Marguerite-Françoise-Hélène Perdrigeon, née le 19 août 1845, mariée, le 21 avril 1868, à M. Charles-Octave Arthaud de Viry, docteur en médecine à Roanne.

2. Louise-Marie-Antoinette-Magdeleine Perdrigeon, née le 9 décembre 1847.

1. Julie-Antoinette-Marie-Jeanne Perdrigeon, née le 26 novembre 1853.

Montbrison avec noble Claude d'Anthoine, avocat en parlement et notaire royal, fils d'Alexandre d'Anthoine, conseiller de S. A. S. en Dombes, et de D^{lle} Virginie Riche. Marié en 1756 avec D^{lle} Marie-Anne Riboulet, Claude d'Anthoine laissa, entre autres enfants : Pierre d'Anthoine, né en 1764, procureur au bailliage de Montbrison, puis avoué à la Cour d'appel de Lyon.

Ce dernier épousa Mlle Marguerite-Lusine Martin des Pomeys, d'une ancienne famille de robe de Montbrison, et fut père de Mme Béringer.

Armes : *D'azur au chevron d'argent accompagné de 3 roses d'or.*

Martin des Pomeys portait : *d'azur à un agneau pascal d'argent accompagné en chef d'un soleil d'or et en pointe d'un croissant d'argent.* (Cachet de 1787 accolé de Lattard du Chevalard, alliance de des Pomeys, communiqué par M. L.-P. Gras.)